El cambio climático y la *moral cristiana*

Cristóbal Adelfo Ávalos Rojas

Asunción - 2022

El cambio climático y la moral cristiana
ISBN: 9798831969016
© 2022 Cristóbal Adelfo Ávalos Rojas
Todos los derechos reservados
Sello: Independently published

1. Introducción

El cambio climático sigue siendo un problema común de toda la humanidad y representa un potencial peligro, consecuentemente, requiere de una respuesta urgente para proteger el presente y futuro del planeta. Entre tanto, el objetivo de esta investigación consiste en proponer algunas líneas de acción, después de una detallada profundización.

En primer lugar, es presentado brevemente el concepto de Cambio Climático. Luego, para una visión más sistemática, se consultarán dos artículos de carácter científico, comprendiendo la etapa "Ver". Posteriormente, para una reflexión más cristiana del tema (etapa "Juzgar") se estudiarán: varios números del documento de Aparecida. Evidentemente, no podría faltar la encíclica *Laudato Si* del Papa Francisco. Y finalmente, se consultará el artículo "Visión cristiana de la Ecología".

Ahora bien, para la propuesta de acción pública y pastoral se tendrá en consideración el contexto latinoamericano, justificando así la necesidad de colaborar contra el Cambio Climático, ya sea desde una región, país, continente, etc., porque las amenazas afectan a todos los seres vivos de cualquier parte del mundo.

Por tanto, es posible lograr objetivos con la participación de todos. El futuro de los seres vivos está en peligro. Ya en muchos países se ven claramente los efectos del Cambio Climático. Compete hoy a cristianos (y no cristianos) dialogar y colaborar sobre propuestas innovadoras.

2. Concepto

Se denomina Cambio Climático a la alteración del clima con alcance global y regional, en otras palabras, es una variación de orden natural, pero que no se desliga del protagonismo del ser humano.

Claramente, el Cambio Climático no es sinónimo de calentamiento global porque depende de diversas causas ambientales.

El cambio climático engloba todas las variaciones del clima que ocurren y que están relacionadas a la actividad solar, movimiento oceánico, actividad geológica, modificaciones atmosféricas, etc.

Pues bien, en la actualidad, el cambio climático abarca grandes debates (incluso en la ONU), ya sea desde una perspectiva científica, como económica y política. Particularmente, la teológica colabora con la reflexión.

Se evidencian mudanzas preocupantes como: el derretimiento de los glaciares, inviernos cortos, aumento del nivel del mar, calentamiento global, etc., lo que exige una interiorización no leve.

Uno ve en Latinoamérica como en cualquier parte del mundo momentos exageradamente fríos o calurosos relativamente, sin olvidar que a veces hay cambio brusco de temperatura.

La causa directa o indirecta del cambio es la actividad humana, a raíz de la industrialización, la combustión, la deforestación, extracción y uso de los combustibles fósiles, etc., estos producen alteraciones atmosféricas por emisiones de gases.

Consecuentemente, esta situación exige un nuevo modelo económico para disminuir las emisiones, en especial, los países desarrollados deberían tomar un mayor compromiso.

A modo de información, nuestra atmosfera está compuesta de Nitrógeno (N), en un 79% y Oxígeno (O2) en un 20% y Dióxido de Carbono (CO2), ella (la atmosfera) cumple un factor primordial para la continuidad de la vida porque en ella resida la capa de ozono que filtra la luz ultravioleta.

Cabe mencionar que en las zonas urbanas hay escasez de agua, contaminación del aire, inundaciones, estrés térmico, etc. Las zonas rurales presentan menos medios de subsistencia por reducción de la producción agrícola y por ende hay menos seguridad alimentaria.

Contra la salud impactan varios peligros como las enfermedades respiratorias, lesiones, daños en la piel debido a la intensa radiación solar, asimismo, surgen enfermedades transmitidas por el agua y el alimento, ya que el ecosistema está en constante desequilibrio.

Ahora bien, a nivel mundial el diálogo gira en torno a políticas económicas preventivas: reforestación, sustituir los combustibles fósiles, consumo eficiente de energía, buen uso de los recursos, disminuir la tasa del aumento poblacional, etc.

Algunas necesariamente ya están en marcha, pero todavía son insuficientes. Se requiere de un proceso de adaptación y nueva planificación, es decir, hacer ajustes en nuestra actividad humana para evitar daños irreversibles, porque el futuro de la vida humana está en las manos del propio ser humano[1].

<hr>

[1] Cristina García Fernández, *El cambio climático: Los aspectos científicos y económicos más relevantes,* (España, 2011) 1-28; Margarita Caballero y otros, *Efecto del invernadero, calentamiento global y cambio climático: una perspectiva desde las ciencias de la Tierra,* (México, 2007) 1-11.

3. Una mirada cristiana

Existe una creciente preocupación por el cambio climático, cuyo responsable es el ser humano. Ahora bien, la visión cristiana considera al ser humano y a la naturaleza como obras de Dios, teniendo a Jesucristo como centro de la historia.

De hecho, se entiende la creación y la redención desde el plan de Dios. Así, el ser humano forma parte de la naturaleza (cf. Gn 1, 1-31), es su casa y, por tanto, no debe dañarla sino custodiarla (obligación moral) de forma inteligente (cf. Gn 2, 26.28), con sabiduría y amor (cf. Sb 9, 3).

De hecho, el ser humano (imagen y semejanza de YHVH) con su trabajo (industria, ciencia, técnica, etc.) manifiesta la acción divina.

Por otro lado, el cristianismo no niega la realidad del pecado (cf. Gn 3, 17-18), y ve el cambio climático como consecuencia del egoísmo humano (problema moral). Requiere un cambio de conducta hacia la ecología, porque la redención abarca toda la creación (cf. Ef 1, 10ss.).

Igualmente, la mirada creyente ofrece una dimensión escatológica porque se acredita en un *cielo nuevo y nueva tierra* (cf. Ap 21, 1), hay esperanza para transformar el presente. En líneas generales, la moral cristiana ayuda a realizar un ordenamiento social, orientado hacia una libertad responsable.

También, propone el respeto al medio ambiente, el buen uso de los recursos y ofrece múltiples criterios éticos y morales.

Propiamente, la perspectiva católica está presentada en la encíclica *Laudato Si*, en la cual, el papa Francisco expone posturas morales, científicas y teológicas, y propone nuevas conductas humanas contra el cambio climático, pues, los problemas son reales y visibles. Es innegable lo que sucede.

Vemos una llamada urgente a proteger nuestra casa común, uniendo las fuerzas para un desarrollo más sostenible e integral. Con espíritu de esperanza, ya que el Creador está siempre presente y trabajando por nosotros. Transmite una esperanza y un anhelo profundo para construir el bienestar común.

Ahora bien, el ser humano es agente del cambio climático y atenta contra Dios, la naturaleza y contra sí mismo. Por citar, la contaminación atmosférica nos trae serias amenazas como: enfermedades, muertes, mudanzas bruscas de temperatura (cf. 21).

Lo anterior, evidencia que la ciencia y la tecnología no resuelven todos los problemas, porque la tierra queda convertida en depósito de basura (cultura del descarte). Debemos buscar nuevos comportamientos y moderar el consumo (cf. 22).

El cambio climático perjudica nuestro planeta y genera un gran desafío a la vida humana en todas sus dimensiones (social, político, económico, etc.). En particular, los pobres sufrirán mayores efectos negativos porque son los más desprotegidos.

A su vez, los países ricos tienen una deuda ecológica y enmascaran la situación con tal de mantener el modelo de producción y consumo (eso es perverso). Empero, necesitamos crear instituciones fuertes para regular y frenar tal situación. Todos formamos parte de la familia humana[2].

---

[2]Antonio Porras, Visión cristiana de la Ecología (Roma: Collationes, 2009) 1-7; FRANCISCO, *Laudato Si*, (Roma, 2015) 1-61.

4. Abordaje científico (etapa "Ver")

Conviene resaltar que los rigurosos estudios científicos avalan la existencia de variaciones climáticas alarmantes. Así pues, el Cambio Climático es una evidencia innegable y que no solo abarca una región, sino todo el planeta.

Entonces, ¿cómo se evidencia?; se citarán algunas maneras:

a) Derretimiento de los glaciares que se verifican en la Antártica como en el Océano Ártico.

b) Aumento de temperaturas a nivel mundial: actualmente experimentamos los años más calurosos en todo el mundo.

c) Cambios bruscos de temperatura: de frío a extremo calor.

d) Aumento del nivel del mar: según la IPCC[3], los niveles del mar podrían variar entre 19 cm y 59 cm en este siglo.

e) La atmósfera está con más CO_2 (dióxido de carbono): producidos especialmente por las grandes industrias. A propósito, la atmósfera cumple un factor esencial para la continuidad de la vida en la tierra.

Se evidencia la magnitud del problema: ¿qué hacer concretamente para remediar? Para no seguir padeciendo este problema se debe disminuir las emisiones de gases de efecto invernadero, que lastimosamente están creciendo a cada año.

---

3 Intergovernmental Panel on Climate Change.

Dichos gases están en la atmósfera, a causa de la actividad humana, generalmente producto de la industria.

Por citar algunos gases implicados:

a) El vapor de agua H2O

b) Dióxido de Carbono (CO2)

c) Óxidos de nitrógeno (NOx)

d) Ozono (O3).

Además, hay otras actividades humanas que a lo mejor afectan directa o indirectamente: la deforestación, extracción y uso de combustibles fósiles, la combustión, etc.

De ahí, ¿qué consecuencias negativas trae a los seres humanos y a los demás seres vivos? En las zonas urbanas y rurales: hay escasez de agua potable, contaminación del aire, estrés térmico, grandes inundaciones, enfermedades respiratorias, problemas de la piel por la intensa radiación solar, pérdida de vida, extinción de especies vegetales y animales, reducción de la producción agrícola, menos seguridad alimentaria, desequilibrio del ecosistema, agotamiento de recursos energéticos, y otras amenazas.

Lo esperanzador es que existen acuerdos internacionales (Protocolo de Montreal, Convenio de Viena, Protocolo de Kioto, Acuerdo de París 2016), tales esfuerzos políticos y económicos propician y protegen el cuidado del medio ambiente, éstos no han tenido la difusión adecuada para que puedan ser conocidos por la sociedad. Es decir, hay diálogo girando entorno a buscar nuevas alternativas de producción y consumo.

Se está tratando de evitar daños a la vida, claramente, los resultados son esperados a largo plazo. Digamos que son pasos importantes y dignos de valoración. A lo mejor, con la elaboración de objetivos bien dialogados haya impactos y logros positivos. Será esencial la participación de todos los países, sobre todo, los más industrializados.

Sintetizando, es posible dialogar siempre y coordinar una política de desarrollo sostenible, capaz de involucrar a todos, con metas fijas y esfuerzo conjunto. Sin olvidar que con la colaboración incluso personal habrá mayores resultados. El futuro de la vida humana está en las manos del propio ser humano.

5. La mirada creyente (etapa "Juzgar")

El Cambio Climático afecta todas las esferas del planeta. Como la Iglesia está en el mundo es también responsable por proteger el medio ambiente y debe ofrecer algunas orientaciones al respecto.

Siguiendo la idea, cabe mencionar la gran resonancia de la encíclica *Laudato Si* a nivel mundial. En ella aparece también el Cambio Climático (Capítulo I, 20-26). Básicamente, el papa Francisco expone sus orientaciones desde una perspectiva moral, científica y teológica sobre este problema real y visible.

Analizando el documento, distinguimos cómo el Pontífice hará referencia a la contaminación atmosférica que afecta especialmente a los pobres, produciendo muertes, enfermedades (cf. 20).

Coloca al ser humano como responsable por la contaminación, desechos, ya sea en el campo o en la ciudad. Producimos incalculable cantidad de basura, convirtiéndose así la tierra en lugar de inmundicias (cf. 21). No caben dudas que el ser humano es agente de mudanzas negativas.

Por otro lado, el progreso se ha transformado en un mito, generando enorme peligro, por la cultura del descarte que está primando (cf. 22). Con todo, los problemas serán difíciles de solucionar si no está presente el amor a la Creación.

En el n. 23 dirá que "el clima es un bien común, de todos y para todos", el mismo es primordial para la continuidad de la especie humana. En efecto, al producirse el calentamiento global peligra la humanidad.

Entonces, Francisco plantea una toma de conciencia para cambiar nuestro estilo de vida. No podemos continuar con las mismas costumbres y exponernos a las amenazas (cf. 24). El cambio climático es un desafío para la humanidad, es un problema global que debemos afrontar desde todas las dimensiones de la vida (cf. 25).

Finalmente, exhortará a los países ricos a trabajar por el bien común y por el futuro del planeta. Hace falta llegar a un consenso y cambiar los modelos de producción y consumo (cf. 26). Siempre hay salidas positivas. Necesitarán un largo proceso, pero se deben dar avances adecuados.

Propiamente, en nuestro contexto latinoamericano y bajo la mirada de los discípulos-misioneros, Aparecida menciona la degradación ambiental (cf. 66), y entre otros temas tratará sobre la biodiversidad y la ecología (cf. 83-87). Basándonos en este documento, vemos que hay intereses puramente capitalistas, que en nombre del progreso dañan nuestra casa común.

Finalmente, desde el campo de la Teología Moral, resalta que en los últimos tiempos creció la preocupación por el Cambio Climático y que ante esta situación la mirada cristiana también quiere aportar, sobre todo, porque considera al ser humano y a la naturaleza como frutos de la acción creadora de Dios.

Por otro lado, el cristianismo no niega la realidad del pecado (cf. Gn 3, 17-18), y ve el Cambio Climático como consecuencia del egoísmo humano (problema moral). Requiere un cambio de conducta hacia la ecología, porque la redención abarca toda la creación (cf Ef 1, 10ss.).

Manifestar desinterés o indiferencia sería caer en la lógica del pecado, y callarse ante los males no sería nada profético. También destaca que la visión cristiana aporta una dimensión escatológica porque tiene esperanza en un Cielo Nuevo y Nueva Tierra, es decir, el Cambio Climático no es un problema imposible de solucionar. Existe capacidad y tiempo para revertir esta situación. En otras palabras, nos transmite la esperanza para alcanzar un mundo mejor.

6. Propuestas de acción (etapa "Actuar")

Los siguientes aportes son pensados desde y para el contexto latinoamericano, sin descartar la posibilidad que puedan ser útiles en otros lugares.

6.1. Políticas públicas

6.1.1. Interdisciplinariedad

Las ciencias están al servicio del ser humano, entonces, apoyados en varias visiones autónomas (teología, política, economía, etc.), sería posible tener una mirada más eficaz sobre el Cambio Climático. Concretamente esta propuesta se dirige a las universidades, como espacio para reflexionar, si bien es el ámbito académico, pero se reconoce la incidencia que tendría en todo un país.

Corroboran esta idea las palabras dirigidas el viernes 3 de junio último por Papa Francisco a la Pontificia Academia de Ciencias sociales, proclamando que ante una "globalización de la indiferencia", la Iglesia, "está llamada a comprometerse", "la Iglesia no debe meterse en política, pero debe meterse en la grande política", porque "como decía Paolo VI la política es una de las formas más altas de la caridad …

Uno podía pensar que una academia debe moverse en el nivel de ciencia pura, de consideraciones teóricas, más yo pienso que la academia debe tener las raíces en lo concreto, de lo contrario corre el riesgo de promover una concepción líquida que no lleva a nada, un divorcio entre idea y realidad".

6.1.2. Reforma agraria

Aplicar un programa más efectivo. Como existen grandes agroexportadoras transnacionales que afectan el medio ambiente con la deforestación y los componentes químicos, etc. En esa línea, se deben revisar las políticas públicas agrícolas y agrarias, exigiendo leyes de protección de la naturaleza.

6.1.3. Reforestación y creación de espacios verdes

Es de vital importancia crear espacios verdes y pensar nuevos sistemas urbanos sostenibles. De hecho, es una tendencia mundial salvaguardar la naturaleza. En otras palabras, se debe garantizar el cuidado de la flora en los proyectos políticos y económicos.

6.1.4. Promover el desarrollo sostenible

Fomentando el uso eficiente de la energía y reduciendo las emisiones de los gases de efecto invernadero.

6.1.5. Apoyar las investigaciones científicas

Con el fin de descubrir nuevos métodos tecnológicos capaces de favorecer a las personas sin dañar la ecología (Protocolo de Kioto, art. 2).

6.2. Acción pastoral

A continuación, tres propuestas básicas para la acción pastoral:

6.2.1. El diálogo interreligioso

Como punto de partida debe estar siempre el diálogo porque el ser humano es abierto a los demás y a lo transcendental. Entonces, será importante conversar sobre este tema con las otras confesiones religiosas. Efectivamente, es una realidad que compete a todos debatir. Un diálogo ad intra y ad extra eclesial traería resultados fructíferos.

6.2.2. Redacción de textos, revistas, libros

A la Iglesia no le corresponde dar soluciones técnicas respecto a los problemas del Cambio Climático. Pero tal problema no es solo técnico sino también moral y antropológico, entonces, la Iglesia puede expresarse. Debe interpelar desde una visión moral. En este aspecto, los teólogos pueden aportar con su ciencia.

6.2.3. Promover encuentros, debates

Para reflexionar y combatir con iniciativas concretas ya sea en la Catequesis, Grupos de Jóvenes, Movimientos Laicales, etc., en los mismos se hace recordar algunos hábitos como: depositar y clasificar la basura, el cuidado de los espacios verdes. En fin, hacer un pequeño gesto para construir la fraternidad universal.

6.2.4. Aprovechar las redes sociales

Comprometer a los grupos de adolescentes y jóvenes para que aprovechen los medios modernos en vista a concientizar sobre el Cambio Climático (con vídeos, fotos, textos, etc.).

6.2.5. Incentivar la educación ambiental

En las escuelas, colegios, universidades católicas se debe sensibilizar sobre el buen uso de los recursos naturales, haciendo recordar que el ser humano es administrador y cuidador de todo lo creado. Tanto debe usar de lo creado en cuanto le ayude a vivir mejor. Pero también debe privarse de aquello que le puede afectar negativamente y empobrecer el ambiente.

6.2.6. Realizar alguna manifestación pública

Según el papa emérito Benedicto XVI: "La Iglesia tiene una responsabilidad respecto a la creación y la debe hacer valer en público. Y, al hacerlo, no sólo debe defender la tierra, el agua y el aire como dones de la creación que pertenecen a todos. Debe proteger sobre todo al ser humano contra la destrucción de sí mismo" (cf. CV 51).

6.2.7. *Expresar prácticas solidarias*

Consiste en apoyar, especialmente, a las personas afectadas por los fenómenos naturales (ancianos, pobres, indígenas, campesinos, etc). Justamente, la actitud cristiana debe destacarse por la caridad y la colaboración gratuita en favor de los necesitados. También es una manera de demostrar un compromiso pastoral ante los problemas de la actualidad.

6. Conclusión

En suma, se analizaron las amenazas y repercusiones del Cambio Climático. Notamos que existen varias alteraciones incidiendo en nuestra vida cotidiana y en la propia ecología. De alguna manera, dicho fenómeno es ocasionado por la actividad del ser humano.

Al respecto, la moral cristiana siempre colabora dando orientaciones para crear un ordenamiento social, sin descuidar el uso de la libertad bajo responsabilidad.

Por tanto, es una tarea cristiana salvaguardar la creación, teniendo sensibilidad para la defensa de la naturaleza. También en la mirada creyente, se resalta la estrecha relación entre Creación y Redención porque la misma Trinidad crea, salva y santifica.

Ahora bien, el compromiso de contrarrestar el Cambio Climático es grande y lleva tiempo. Siguiendo con alternativas renovadas será posible fomentar nuevos mecanismos de mercado internacional para favorecer la disminución de emisiones, como, por ejemplo: invirtiendo en nuevas tecnologías.

Se valoran los acuerdos internacionales, pero aún no son suficientes. En parte, el afán egoísta por acumular el capital a costa de cualquier forma siempre traerá consecuencias. De hecho, la economía debe tener en cuenta el bien de la persona y la creación.

Todavía cabe señalar que la Moral Social cristiana no está ajena a la realidad, se ha visto por ejemplo cómo el Papa Francisco exhortó a cuidar nuestra casa común. La Iglesia por formar parte de mundo se sensibiliza y trata de proteger la Creación, de la cual el Ser humano es asociado a cuidar.

Como resultado del trabajo, se han propuesto algunas líneas de acción pública que podrían concretarse en el contexto latinoamericano. Fueron básicamente para el ámbito de la educación, de la política y de la economía. También, las líneas de acción pastoral obedecen al espíritu eclesial y a los documentos actuales del Magisterio.

Finalmente, es de resaltar que el trabajo ayudó a ejercitarse en el discernimiento ético-social de problemáticas sociales contemporáneas en el ámbito sociopolítico y económico.

7. Referencia bibliográfica

✓ Antonio Porras, *Visión cristiana de la Ecología* (Roma: Collationes, 2009) 1-7.

✓ Benedicto XVI, encíclica *Caritas in veritate*, n. 51.

✓ Cristina García Fernández, *El cambio climático: Los aspectos científicos y económicos más relevantes* (España, 2011) 1-28.

✓ Documento de *Aparecida*, nn 66; 83-87.

✓ Francisco, encíclica *Laudato Si*

✓ Margarita Caballero y otros, *Efecto del invernadero, calentamiento global y cambio climático: una perspectiva desde las ciencias de la Tierra* (México, 2007) 1-11.

✓ Naciones Unidas, *Protocolo sobre el cambio climático* (Kioto, 1998) 1-25.